LE

PETIT GUIDE PRATIQUE

DE LA

CHASSE AU CHIEN D'ARRÊT

DES

JEUNES CHASSEURS

PAR

J.-B. LURÇAT

à Saint-Jean-de-Losne (Côte-d'Or)

Prix : 2 francs

DIJON

IMPRIMERIE JACQUOT & FLORET

Rue Berbisey, 12

LE PETIT GUIDE PRATIQUE

DE LA

CHASSE AU CHIEN D'ARRÊT

DES JEUNES CHASSEURS

S¹

LE
PETIT GUIDE PRATIQUE

DE LA

CHASSE AU CHIEN D'ARRÊT

DES

JEUNES CHASSEURS

PAR

J.-B. LURÇAT

à Saint-Jean-de-Losne (Côte-d'Or)

Prix : 2 francs

DIJON

IMPRIMERIE JACQUOT & FLORET

Rue Berbisey, 12

AVANT-PROPOS

La méthode de chasse que j'offre aujourd'hui aux jeunes chasseurs est aussi simple dans son étude qu'utile dans la pratique.

Tout amateur de chasse, tout praticien consciencieux, observateur, ne saurait s'empêcher d'avouer que, sous ce double rapport, je n'ai été jusqu'ici devancé par aucun autre traité de chasse.

Il lui suffira, pour s'en convaincre, de jeter un simple coup d'œil sur le tableau qui la résume et, s'il donne une attention plus suivie à cet examen, il constatera les avantages qu'elle présente pour le jeune homme qui débute et qui, le plus souvent, va et se met en chasse à la bonne aventure.

Nier l'évidence des causes naturelles et essentiellement vraies qui en sont la base serait se refuser de **croire à la vérité.**

Mon modeste traité pratique de chasse sera donc un guide aussi sûr qu'intéressant pour tous les nouveaux venus dans la nombreuse confrérie de Saint-Hubert dont je suis aujourd'hui l'un des vétérans disciples ; pour ceux de mes amis qui m'ont autrefois accompagné, une réminiscence agréable de joyeuses et fraternelles parties de chasse et pour mon fils, pour qui il avait été primitivement conçu et rédigé, un dernier et affectueux souvenir laissé à sa mémoire.

AUX JEUNES CHASSEURS

J'ai chassé pendant soixante ans et, j'ose dire, non sans quelques succès dans les différentes localités que j'ai habitées (1).

Avant de pendre définitivement mon fusil au crochet, mes forces ne répondant plus aux fatigues de ma passion favorite, j'avais d'abord pensé, en écrivant cet opuscule, à ne le laisser que comme un souvenir à mes anciens camarades de chasse, puis, sollicité par quelques-uns d'entre eux autant qu'encouragé par mon fils, je me suis volontiers décidé à le publier.

Mes données de chasse sont le fruit d'observations incessantes pendant de longues années. Dans l'expérience que je vous convie à en faire, il vous arrivera bien certainement qu'elles ne vous paraîtront pas toujours et toujours invariables par suite, soit de changements atmosphériques brus-

(1) L'Allier, la Loire et la Côte-d'Or.

quement survenus, soit pour toute autre cause ayant produit un dérangement quelconque de gibier; mais, malgré tout, dans le plus grand nombre des cas, vous en reconnaîtrez sûrement et la justesse et les avantages.

Vieux praticien, quelque peu observateur, je déclare hardiment que celui qui considère les réussites de chasse comme un simple effet de la chance ou du hasard, n'est pas chasseur.

Chance! oui, si vous entendez par ce mot la conséquence de la recherche méthodique, intelligente et persistante d'un gibier quelconque où, pour les causes que je vous exposerai plus tard, il doit presque invariablement s'être remis, mais chance avec son acception propre, allons donc! vous êtes..... vous n'êtes pas chasseur.

Puisque vous attribuez à la chance le pouvoir de distribuer ses faveurs d'une manière inégale et capricieuse, pourquoi, je vous le demande, n'attribuez-vous pas aussi à la même cause la fréquence des arrêts d'un bon chien. Quoi! d'un côté vous reconnaissez la supériorité du nez, de l'instinct de l'animal et de l'autre vous vous refusez d'admettre aucun degré de conception et d'aptitude entre tel ou tel chasseur. Soyez donc logique, déclarez alors que le chien et le maître qui le dirige n'ont l'un et l'autre que de la chance. Je vous le répète, vous n'êtes pas et vous ne serez jamais chasseur.

Il peut être chasseur, mais pas observateur, celui qui se repose absolument sur l'excellence du nez, sur la fermeté d'arrêt de son chien : il faut encore que l'instinct de celui-ci soit guidé, développé par l'intelligence de celui-là.

Il ne saurait être considéré comme chasseur celui qui, se confiant en la solidité de ses jambes, court plutôt qu'il ne marche de territoire en terri-toire, quittant l'un dont il a aperçu à peine la configuration pour se rendre sur un autre qu'il ne tiendra pas mieux et, ainsi de suite, jusqu'à ce que, épuisé, harassé, il réintègre son domicile l'estomac aussi vide que le carnier. C'est le chasseur express, il a la fermeté du jarret, mais il n'a pas de flair, je veux dire la moindre concep-tion de la chasse.

J'avoue que mon petit guide ne peut être d'au-cune utilité pour tous ceux qui comprennent et pratiquent ainsi la chasse. J'avoue encore, non moins humblement, que quant aux chasseurs vraiment observateurs, mon modeste traité ne saurait rien leur apprendre qu'ils ne sachent déjà, s'étant fait par eux-mêmes et pour eux-mêmes une méthode, une manière de chasser qui leur est particulière et dont ils ont et gardent pour eux seuls le secret.

C'est donc uniquement pour vous, jeunes débutants, que je publie ce petit guide pratique de chasse, pour tous ceux d'entre vous qui, désireux de se créer ou de suivre une méthode, voudront bien particulièrement me suivre dans mes explications raisonnées de la chasse des trois gibiers : Lièvre, Perdrix et Caille.

Jeunes Chasseurs,

Nous venons de faire connaissance. Je vous ai dit, en effet, qui j'étais ; que le but que je me proposais était de vous faire profiter de ma vieille expérience afin de vous rendre plus facile la découverte du gibier et par cela même la chasse plus agréable en vous épargnant le dégoût, les fatigues de longues et souvent infructueuses recherches.

Avant d'entrer en matière, j'ajouterai encore que si vous tenez un compte sérieux de mes observations, je vous éviterai maintes déceptions inhérentes aux premiers débuts et vous ménagerai des succès certains pour l'avenir, car, voyez-vous, mes jeunes amis, par suite de la pénurie du gibier, de nos jours la grande difficulté, c'est de le trouver.

Pardonnez-moi si, par habitude et en souvenir des jeunes chasseurs qui m'ont autrefois accompagné, j'ai pris prématurément la familiarité de vous appeler mes amis. Nous le deviendrons sûrement lorsque vous aurez mis en usage ma méthode de chasse qui est praticable dans tous les pays et par tous les temps.

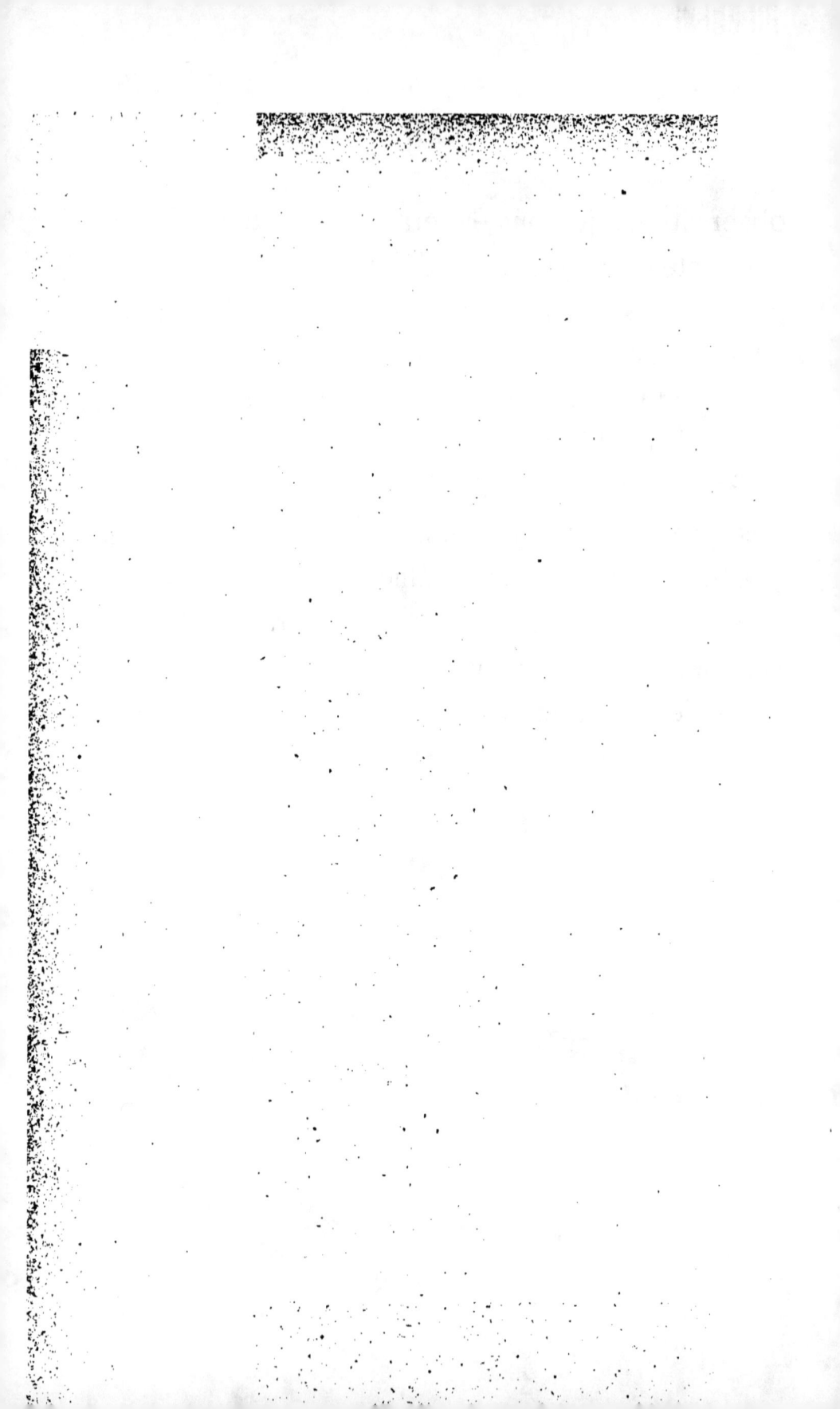

LE PETIT GUIDE PRATIQUE

DE LA

CHASSE AU CHIEN D'ARRÊT

DES JEUNES CHASSEURS

Des influences climatériques sur le gibier et observations atmosphériques pour en découvrir la retraite dans tous les pays tempérés.

Pas un vieux chasseur, personne en un mot, n'oserait me contester que tout animal qui vit à l'état sauvage n'a pas l'instinct de sa propre conservation et de celle de sa progéniture, n'est pas doué de la faculté, passé l'enfance, de pourvoir à ses besoins, à son bien-être, ne conserve pas le souvenir des lieux qui l'ont vu naître. Si quelqu'un d'entre vous, mes jeunes amis, se refusait de croire à cette évidence, je lui répondrais : Pourquoi donc alors un nombre infini d'oiseaux quittent-ils, pour y revenir à peu près à époque fixe, les régions septentrionales pour les régions méridionales et réciproquement. Évidemment c'est qu'ils prévoient qu'il y fera bientôt ou trop chaud ou trop froid, qu'ils n'y trouvent plus le degré de température qui convient à leur constitution, ni la nourriture particulière nécessaire à leur existence, à leur bien-être.

Les bêtes qui vivent à l'état sauvage ont donc non-seulement l'instinct de la conservation, mais sont encore douées de la faculté de prévoir le temps qu'il doit faire et de se pourvoir en conséquence.

Voilà, mes jeunes amis, des indications générales vraiment précieuses qui doivent nous faciliter nos recherches cynégétiques; retenez-les bien, je vous prie, car elles sont la base de mon système raisonné de chasse.

S'il en est ainsi de tout animal qui vit à l'état sauvage dans des régions opposées, serait-il logique de ne pas admettre que le gibier des pays tempérés ne soit pas doué des mêmes instincts, soit insensible à toutes les variations atmosphériques qui s'y produisent. Donc, obéissant au même instinct naturel de conservation et de bien-être, le gibier de tout pays tempéré choisira, dans le lieu où il s'est reproduit ou dans les lieux environnants, les endroits les plus couverts, les plus frais et les plus ombragés s'il fait une chaleur excessive; les endroits les moins exposés aux frimas s'il fait un grand froid; les endroits couverts non mouillés si l'air est humide; les lieux abrités peu ou pas couverts si l'air chaud, froid, sec est fortement agité, mû par le vent; les endroits couverts les plus épais si l'air devenant trop humide se change en brouillards ou en pluie, ou bien trop humide et trop froid se transforme en neige ou en givre.

C'est donc en raison de l'état de l'air au milieu duquel il vit, ou du temps qui se produit, que le gibier abandonne momentanément un lieu pour se remettre préférablement sur un autre où il trouvera une manière d'être plus conforme à ses besoins, à son existence. De là vient aussi la part d'influence du soleil, du vent et de l'eau sur le gibier pour le choix des lieux de sa remise plus particulièrement propres à son bien-être.

Vous n'ignorez pas, en effet, que le soleil est le seul foyer naturel auquel il puisse se sécher ou se réchauffer; que le vent, par le bruit qu'il produit par la tombée des feuilles et des branches mortes des arbres, le tient constamment en éveil et devient, quand il est fort, un obstacle au vol régulier des oiseaux; qu'une longue pluie nuit à l'incubation des œufs de cailles et perdrix et qu'elle est aussi la cause de la perte de jeunes levrauts. Il n'est pas un vieux chasseur qui n'ait su mettre à profit toutes ces remarques. Nous aussi, mes jeunes amis, nous en tiendrons un compte sérieux dans les trois chasses successives que nous ferons plus tard ensemble sur le même territoire.

De ces dernières observations et des considérations générales qui précèdent, concluons :

Qu'après de fortes pluies, le gibier recherche les lieux secs, non couverts, exposés au soleil, et s'éloigne de tous les endroits couverts, mouillés, exposés au vent;

Que, par un temps beau, fixe, chaud, sans vent, le gibier doit se remettre sur les endroits bas ou élevés, couverts, les plus frais;

Par un temps chaud avec vent ou variable, les terrains bas, creux, peu ou point couverts, abrités du vent;

Par un temps pluvieux, tous les endroits bas les plus fortement couverts, les excavations abritées par les massifs les plus épais;

Par un temps orageux, les excavations, les anfractuo-
sités de tout terrain bas;

Par un temps revenu au beau avec soleil et sans vent,
après un ou plusieurs jours de pluie, les lieux les plus
élevés des terrains secs, légers, graveleux ou pierreux,
avoisinant les grands couverts et les massifs;

Par un temps froid, vif, sec, avec beau soleil et sans
vent, les lieux boisés peu couverts, les jeunes revenues
très claires avec bonne exposition au soleil et tous les
terrains non couverts, pailleux ou fortement fumés, avoisinant les grands massifs ou même les maisons d'habitation.

Dans les pays de montagnes de haute altitude, s'il
survient à la suite des neiges un froid rigoureux, le gibier
qui s'y est reproduit émigrera pour se cantonner tempo-
rairement dans les vallons, vallées et ravins de ces mêmes
montagnes, ou autres lieux moins exposés aux frimas;
mais, s'il y survient encore un trop grand froid, il émigrera à nouveau et poussera même l'émigration jusqu'aux
pays de plaine. La cause qui l'a obligé à s'éloigner du lieu
qui l'a vu naître ayant disparu, il y reviendra sûrement.

Cette émigration a sa légende dans les montagnes du
Forez. Tel vieux chasseur vous dira que, tel jour, le
Capitaine des lièvres, prévoyant le moment des grands
froids, réunit tous ses congénères sur la plus haute montagne et que là il ordonne l'émigration.

Certes, mes jeunes amis, je n'ai jamais eu une croyance
bien ferme dans ce récit, qui vous paraîtra fabuleux.
Cependant, en y réfléchissant un peu, l'esprit est porté
à lui accorder tout au moins un peu de vraisemblance.

L'émigration est certaine par un hiver rigoureux. Est-elle collective ou individuelle? Rien ne prouve qu'elle soit plutôt l'une que l'autre. Logiquement, on est plus disposé à la croire collective qu'individuelle, par ce fait que toutes les autres émigrations se font collectivement. La légende forézienne a donné un Capitaine aux lièvres probablement pour en embellir le récit, mais il n'en est pas moins vrai que chaque ruche d'abeilles a sa Reine. Ne semble-t-il pas aussi que, parmi les autres quadrupèdes qui vivent à l'état sauvage dans les pays non habités, tous obéissent instinctivement au commandement de l'un d'eux du même troupeau en cas d'alerte. Pourquoi les lièvres d'une même montagne n'auraient-ils pas un Capitaine?

Toutes les considérations qui précèdent ne sauraient encore nous suffire pour vous faire prendre en chasse une bonne et sûre orientation; il faut avant tout, aussi, une connaissance exacte de l'exposition, de la nature du terrain et de ses moindres accidents.

Afin de rendre ma méthode de chasse et le tableau annexe qui la résume aussi simples et aussi compréhensibles que possible, j'ai classé, sous le rapport de sa configuration, le sol de chaque pays en trois catégories : de plaine, accidenté et montagneux; sous le rapport de sa nature, en terrains calcaires, graveleux ou pierreux; sous le rapport de son état, couvert ou non couvert, c'est-à-dire dépouillé ou non de sa récolte.

Par lieux couverts, je désigne les bois, les champs de genêts, de genièvre, de bruyères, de balais, de fougères, de myrtilles, les semis de jeunes sapins et pins, les vignes, les oseraies et tous les autres massifs où croissent spontanément des buissons, de hautes herbes, des plantes sarmenteuses et tous les terrains cultivés dont la récolte n'a pas été enlevée, tels que : trèfle, luzerne, sarrasin, chanvre, haricots, maïs, pommes de terre, raves, colza, etc. ;

Par endroits non couverts, toutes les autres parties du sol, soit de plaine, accidenté ou montagneux, cultivées, dont la récolte a été enlevée, les chaumes, les jachères ou guérets, les terres labourées nouvellement ensemencées de blé, de seigle, les défriches et tout terrain abandonné aride ou stérile.

Enfin, comme dernier complément à toutes les indications cynégétiques déjà énumérées, j'ai pensé qu'il était encore nécessaire de vous faire connaître dans quelles circonstances particulières le gibier est le plus fréquemment sujet à un déplacement, c'est-à-dire à quitter les lieux couverts pour les endroits non couverts et réciproquement.

Au fur et à mesure de l'enlèvement de la récolte et de la culture des terres qui en ont été dépouillées, le gibier se rejette le plus souvent sur les lieux les plus proches ayant récolte sur pied ou sur tout autre massif; c'est ce dérangement qui a donné lieu de dire que le gibier suit la récolte.

Par suite de grands vents, de longues pluies, de fortes gelées avec chute de feuilles, de fonte de givre, de neige, de brouillards épais, pluvieux, si le temps revient au beau, le gibier quittera les couverts pour se remettre sur les terrains les plus secs non couverts les mieux exposés au soleil, avoisinant les massifs qu'il vient d'abandonner; c'est ce déplacement qui a donné lieu de dire que le gibier fait plaine; mais aussitôt qu'il surviendra du mauvais temps, il détalera pour se rejeter sur les endroits les plus fourrés de son premier cantonnement.

Des qualités qui doivent caractériser le jeune homme qui désire se livrer à l'exercice de la chasse.

La prudence étant la mère de la sûreté, il me paraît absolument nécessaire et sage d'examiner, avant de vous donner mon avis sur le choix d'un fusil, si le moment est réellement venu de vous en confier l'usage en toute sécurité.

Autant l'exercice de la chasse peut produire de bons effets sur la santé d'un jeune homme qui réunit les qualités indispensables pour s'y livrer, autant ce même exercice peut devenir dangereux et avoir des conséquences funestes pour celui qui n'en est point doué. Aussi, j'ai hâte de dire à ce dernier, à celui qui est d'un caractère impatient, distrait, peu prévoyant, et à qui l'on a déjà mis imprudemment cette arme en mains : Mon ami, ce fusil que vous avez reçu avec autant de joie que de bonheur, ce fusil qui devait être pour ainsi dire le jalon de démarcation entre les premières étapes de votre vie, ce fusil, dis-je, laissez-le encore résolûment pendu au crochet, le moment me paraît prématuré de vous en conseiller sûrement l'usage. Avant de vous livrer au plaisir de la chasse, attendez que vous soyez libéré du service militaire. Dans l'état actuel de votre esprit et de votre caractère, je craindrais que ce témoignage de satisfaction de vos parents ne devienne, hélas ! un jour entre vos mains la cause de cruels chagrins ou d'amers regrets. Attendez patiemment que l'école du soldat ait réglementé vos mouvements, donné plus de fixité dans vos idées et mis plus de mesure dans vos actions.

A cet autre jeune homme, d'un caractère bien différent, calme, réfléchi, prévoyant, mettant toute chose à sa place, je lui dirais avec conviction : Jeune ami, vous pouvez, en toute sécurité pour vous-même et sans appréhension de la part de vos parents, vous adonner à l'exercice de la chasse. En vous y livrant modérément, vous en retirerez, tant au point de vue sanitaire qu'au point de vue de notre organisation militaire, de très appréciables avantages.

Lorsque vous serez appelé à payer la dette que chacun de nous doit à la Patrie, vous aurez déjà acquis la pratique d'une arme, le pied plus ferme et mieux préparé aux longues marches, le jarret plus souple et plus fort, le corps plus solide, le tempérament en un mot plus robuste, et, par les longues excursions que vous aurez pu quelquefois faire, vous connaîtrez déjà, dans une certaine mesure, l'attente de quelques heures du boire et du manger. Vous serez aussi bon soldat que vous avez été bon chasseur et qui pourrait dire qu'un jour, à l'heure du danger, vous mettant bravement à la tête de votre compagnie, vous ne serez pas un exemple d'entraînement et l'une des causes d'un succès ou du salut de tous.

Dans les temps anciens, certain peuple imposait à la

jeunesse l'exercice de la chasse pour la mieux préparer aux fatigues de la guerre. La mère accompagnait son fils qui partait en guerre. Elle lui disait, sans verser une larme, l'étreignant et lui donnant peut-être, hélas! le dernier baiser : va, mon fils, va et ne reviens que vainqueur, tant la lâcheté était en horreur chez ce valeureux petit peuple !

Des différents cas de dangers qui se présentent le plus ordinairement en chasse et moyens de les prévenir.

Ce serait méconnaître mon titre, manquer à un devoir de conscience envers vous, me rendre coupable envers vos parents si, après vous avoir pour ainsi dire donné un avant-goût des plaisirs de la chasse, je négligeais de vous en signaler les dangers.

En chasse, mes jeunes amis, il y a cause de danger en franchissant un large fossé, une haute haie, en traversant un cours d'eau, en courant sur une passerelle, sur des enrochements, en escaladant un mur, et il y a de plus témérité à sauter d'un rocher sur un autre, alors même que la distance vous paraît très franchissable. En pareille circonstance, la prudence vous commande de contourner tous ces obstacles, mais si, dans l'entraînement du plaisir, vous ne pouvez résister à l'impatience de vos désirs, je vous en prie, rabattez tout au moins les chiens de votre fusil si vous négligez d'en retirer les cartouches. Surtout et surtout, j'insiste d'une manière particulière sur ce point, si vous avez fait une chute, aussitôt sur pieds, assurez-vous si l'embouchure des canons de votre fusil n'est pas obstruée par un obstacle quelconque, il y a danger imminent.

Il y a aussi cause de danger et pour vous et pour les autres chasseurs que vous accompagnez, lorsque vous accourez tous, les uns d'un côté, les autres de l'autre, tenant le fusil horizontalement, à l'effet de cerner au plus vite une pièce de gibier que vous avez vue se remettre.

Si la remise s'est produite sur un découvert, placez-vous toujours de manière à ne jamais faire face à aucun autre chasseur ; si elle a eu lieu sur un couvert qui ne vous permette pas de juger exactement de la position respective de vos camarades, restez en arrière ; mieux vaut ne pas tirer que de vous exposer à blesser l'un d'eux ou d'en être blessé vous-même.

De même aussi, éloignez-vous prudemment des lieux où des travailleurs se livrent aux travaux des champs, alors même qu'il n'y aurait aucun danger à craindre. Votre présence seule n'en est pas moins pour eux une cause d'inquiétude et de dérangement, et quand la surprise d'un coup de fusil vient à se produire sur un esprit sujet à la frayeur, mal disposé ou malveillant, on en arrive presque toujours, en pareil cas, à des explications aussi inutiles que désagréables, les meilleures raisons n'étant acceptées ni par la peur, dont on ne se corrige pas, ni par la malveillance, qui n'en admet aucune.

Enfin, c'est imprudemment vous exposer à tuer ou blesser votre chien que de tirer un gibier qu'il tient court en arrêt ou qu'il poursuit de près.

Dans le premier cas, faites partir ; dans le second,

attendez pour tirer qu'une distance suffisante entre le chien et le gibier vienne à s'établir.

Ne passez les cartouches dans les canons de votre fusil qu'au moment d'entrer en chasse et, en la finissant, ne manquez jamais de les en retirer.

Pour cette opération, de même que pour chaque remplacement de cartouches, tournez le dos à toute personne qui pourrait vous accompagner ; faites faire bascule aux canons de votre fusil, soutenu par la main gauche, l'embouchure rapprochée de terre, l'autre extrémité tenue à la hauteur de la ceinture, sous le coude du bras droit.

Pour quelque autre cause que ce soit, faites toujours reposer votre fusil sur la crosse, dans une direction verticale.

Il est malséant de le passer le canon abaissé à la personne qui vous en fait la demande ; les chiens même étant rabattus, présentez-le, avec direction verticale, le canon élevé.

La chasse, mes jeunes amis, ne peut être salutaire qu'autant qu'on s'y livre modérément, sans aucune négligence des précautions qu'il est indispensable de prendre.

Il vous arrivera parfois, par une chaleur excessive, de vouloir continuer la chasse dans l'espoir de la rendre plus complète. Le cas échéant, vous vous apercevrez bientôt que, si vous n'êtes pas accablés de fatigue, vous êtes tout au moins fortement mouillés par la transpiration et en outre tourmentés par une soif ardente. Le hasard venant à vous conduire près d'une eau fraîche et limpide, gardez-vous bien d'y toucher, même du bout des lèvres, à cette eau délectable, que vous jugez comme devant vous être agréable et bienfaisante. Non, mes amis, n'y touchez pas. Dans votre cas, il vaut mieux que vous supportiez momentanément ce nouveau supplice de Tantale que de vous exposer à une longue et dangereuse maladie. Le même besoin de vous rafraîchir vous obligeant à vous rendre dans une maison voisine, il est prudent de n'y rester que juste le temps de boire lentement et à petites gorgées la quantité d'eau sucrée ou coupée d'une liqueur quelconque qui vous sera absolument et strictement nécessaire pour vous désaltérer.

En chasse, le moyen le plus efficace de prévenir ou d'apaiser la soif, c'est de se précautionner d'un petit flacon de café légèrement additionné de rhum ou de marc.

Vous partez en chasse tout joyeux, tant la journée s'annonce comme devant être belle, le cœur livré à l'espérance d'une réussite certaine. Mes amis, n'en est-il pas toujours ainsi de tous nos désirs, que nous prenons le plus souvent pour la réalité?

Cependant, vous ne tardez pas à vous apercevoir que le soleil, de brillant qu'il était d'abord, se voile peu à peu et que de gros nuages viennent déjà en obscurcir la lumière; c'est la pluie, mes amis, hâtez-vous de rentrer au logis, sans temps d'arrêt et sans souci de vous mouiller. Chercher un abri sous un arbre, aller le demander dans une maison du village voisin, avec l'espoir d'un prompt retour du beau temps, serait le plus souvent vous exposer à un mécompte.

Le temps est lourd, d'une chaleur accablante; de tous côtés, à l'horizon, des montagnes de gros nuages superposés; les uns, d'une blancheur de neige, vous paraissent immobiles ; d'autres, d'un jaune pâle ou de couleur noire, viennent lentement et graduellement s'y mêler ; votre chien paraît inquiet, chasse mollement ; le coq du village chante et répond au coq du village voisin, et à leur chant se mêle celui de la caille, de l'alouette ; les perdrix se rappellent. Subitement, un morne silence succède à ce concert, précurseur du mauvais temps. Pas le plus léger souffle dans l'air ; c'est, mes amis, le grand calme qui annonce et précède un violent orage.

De sourds grondements de tonnerre se font entendre ; au loin des éclairs sillonnent les nues en tous sens. Encore quelques instants et l'orage va fondre impétueusement sur vous. Votre guide vous crie en ce moment : Fuyez, mes amis, allez au plus vite demander un asile dans la maison d'habitation la plus rapprochée. Chercher et prendre ailleurs un abri serait vous exposer témérairement aux dangers de la foudre.

Vous vous ressentez d'un peu de fatigue, un endroit frais et ombragé semble vous inviter à y prendre un moment de repos. Passez outre, mes amis, le délassement momentané que vous en éprouveriez serait plutôt trompeur que réel. Après vous être remis en chasse, vous vous apercevriez bientôt que votre affaiblissement a reparu avec aggravation d'un malaise général, quand, surtout, un peu de repos et la fraîcheur du lieu ont entraîné un instant de sommeil.

Dispositions préparatoires et consultation du tableau annexe avant de se rendre en chasse.

Je ne vous demanderai pas, mes jeunes amis, si vous vous êtes munis d'un nombre suffisant de cartouches, je sais, par expérience, que le jeune chasseur préjuge de ses futurs exploits par le prisme de ses désirs.

Je ne vous demanderai pas, aussi, si vous vous êtes préalablement assurés du bon état de votre arme, à laquelle est attaché le doux souvenir d'une mère chérie ou d'un père tendrement aimé. Non, je ne vous demanderai pas non plus si vos cartouches peuvent facilement entrer dans les canons de votre fusil et ne pas devenir à la culasse une cause d'empêchement pour sa fermeture.

Maintenant, mes amis, que toutes les mesures d'ordre, de précaution et de prudence ont été prises, je crois que le moment est définitivement arrivé de nous livrer d'une manière pratique à la recherche du gibier. Cette tâche nous devient d'autant plus facile que le tableau annexe nous fait connaître de suite les endroits bons à tenir dans chaque pays, par tel ou tel temps, suivant l'état et la nature du sol, puis de faire ensemble trois chasses bien distinctes, successives, sur un même territoire, de la caille, de la perdrix et du lièvre, afin de pouvoir vous donner dans le cours de chacune d'elles et dans maintes occasions, sur tous les cas particuliers qui se produisent le plus ordinairement en chasse, d'utiles renseignements consacrés par une longue expérience.

Avant d'entrer en chasse, permettez-moi encore, jeunes amis, une dernière explication qui m'est personnelle, et surtout n'allez pas croire que je vais vous narrer des faits fantaisistes de chasse que mon imagination aurait créés ou embellis dans le but de m'attribuer une supériorité quelconque que je n'ai assurément jamais eue sur aucun des autres vieux chasseurs; tel n'est pas mon caractère, ni mon but. Seulement, je crois pouvoir déclarer et sans forfanterie que, comme tous les praticiens consommés, j'ai su découvrir la remise du gibier; que, comme eux, j'en ai tué avec certaines difficultés et j'avoue aussi, avec non moins de sincérité, en avoir, de même, manqué dans d'excellentes conditions de tir. Enfin, ce qui est vrai, absolument vrai, demeurera toujours vrai, c'est que je ne me suis jamais fait le panégyriste d'aucune de mes réussites de chasse.

Maintenant, mes amis, sans faire aucune comparaison, si vous désirez connaître mon appréciation sur les différentes manières de chasser de tous ceux qui se sont créé une méthode, je vous avouerai avec la plus entière conviction que celle-là seule qui a pour base des causes naturelles, rationnelles et par conséquent indiscutablement vraies, est et sera toujours la meilleure, la plus intéressante, j'ajouterai même la plus instructive, par cela même qu'elle devient une étude pour chaque chasse.

Du choix d'un fusil, de la manière de le porter, d'épauler et de tirer.

Pendant plus de quarante ans, j'ai été obstinément attaché à mon fusil à baguette (1), ma raison se refusant d'admettre que sa force de pénétration dût jamais lui être disputée par les fusils se chargeant par la culasse, malgré tous les perfectionnements des canons et des cartouches. Aujourd'hui, cependant, leur infériorité me fût-elle démontrée par de concluantes comparaisons, je me garderais bien de ne pas vous conseiller, à vous jeunes chasseurs, de leur donner la préférence.

J'ai vieilli, mais j'ai conservé un souvenir très précis de mon étourderie et des imprudences de mes premières années de chasse. Dans maintes circonstances, que je passe sous silence, j'ai failli en être la victime. La simple énumération en serait longue et les détails en fatigueraient l'esprit sans l'éclairer beaucoup. Qu'il me suffise donc de vous dire combien de déceptions j'ai éprouvées! Que de méprises me sont survenues simplement pour charger et décharger mon ancien fusil! Combien de fois n'ai-je pas interverti l'ordre de la charge, omis de mettre la capsule, négligé de rabattre le chien du côté chargé pendant que je chargeais l'autre, laissé la baguette dans le canon.

Ces seuls inconvénients, qui n'ont eu que trop souvent des conséquences malheureuses pour tant d'autres jeunes

(1) Fusil **Leclerc**.

chasseurs, ne suffiraient-ils pas pour ne plus vous permettre aucune hésitation dans le choix d'un fusil se chargeant par la culasse.

Quant à la pénétration de n'importe quel fusil : genre Lefaucheux, percussion centrale ou autre, vous pouvez bien m'en croire, mes jeunes amis, elle sera toujours suffisante.

Je me bornerai simplement à vous faire remarquer que pour un jeune chasseur le calibre 12 me paraît préférable au calibre 16, dont l'écartement plus restreint exige une plus grande précision de tir.

Prenez bonne note que pour la charge plus ou moins forte de vos douilles vous devez mettre à égal volume la poudre et le plomb : en automne, du 8 et du 6 ; en hiver, du 6 et du 4.

En chasse, placez votre fusil au-dessus de l'avant-bras gauche dans une position bien plus rapprochée de la verticale que de l'horizontale ; tenez votre arme soutenue dans cette position, près le pontet, de la main droite, le poignet enveloppé par la main gauche.

En épaulant assurez-vous si vos pieds sont solidement assis, distancés de 30 à 40 centimètres au plus, le pied gauche légèrement en avant, le corps droit et ferme ; faites instantanément reposer votre fusil sur la main gauche ramenée sous le pontet en l'enveloppant.

Cette manière d'épauler a un double avantage, elle facilite les mouvements et en diminue le nombre pour prendre la visée. En effet, la longueur de votre fusil calibre 12 étant, je suppose, de 1^{m}18, le point d'équilibre se trouvera à peu près à 0^{m}50 de l'extrémité de la crosse et à 0ᵐ68 de la bouche des canons. En faisant reposer votre fusil sur la main gauche sous le pontet à une distance approximative de 0ᵐ08 à 0ᵐ09 en avant du centre de gravité, la visée première par ces déplacements deviendra plutôt basse que haute, et vous en obtiendrez facilement le redressement par un simple rehaussement direct ou oblique suivant le cas. C'est le tir de bas en haut qui vous conduit à la visée avec le moins de tâtonnement.

Le tir à la course ou au vol est bien différent du tir à but fixe. Autant l'un exige d'agilité, de souplesse dans les mouvements (à l'exclusion de toute précipitation), de promptitude de coup d'œil, autant l'autre demande de calme, d'immobilité pour plus de précision, de sûreté de la visée par l'équilibre stable de l'arme. De là nécessairement, pour l'un et pour l'autre tir, deux manières différentes d'épauler, dont l'une doit être l'exclusion de l'autre. Je viens de vous faire connaître la manière d'épauler qui est généralement adoptée. Sans me livrer à aucune autre dissertation, j'estime que toute manière qui s'en éloigne le plus peut être la meilleure pour le tir à but fixe, et par contre la plus mauvaise pour le tir au vol ou à la course.

La manière de tirer tout gibier varie : 1° en raison de la ligne de direction qu'il prend quand il fuit; 2° de la ligne de direction qu'il suit lorsqu'il vient sur vous; 3° du plan sur lequel se trouve placé le chasseur par rapport au gibier et réciproquement.

De tout gibier qui fuit devant vous ou qui vient sur **vous**, la ligne de direction est nécessairement ou une ligne droite ou une ligne courbe, ou une ligne brisée; par rapport au gibier, le chasseur se trouve ou sur un même plan, sur un plan plus élevé ou plus bas. Conséquemment, nous allons nous livrer à une étude particulière des différents cas de tir qui se produisent en chasse suivant telle ou telle direction prise par le gibier ou tel ou tel plan occupé par le chasseur et, pour plus de clarté et de précision, nous traiterons séparément la manière de tirer, suivant que le gibier fuit devant vous ou vient sur vous.

Manière de tirer tout gibier qui fuit devant vous, sur un même plan, un plan plus élevé ou plus bas.

SUR UN MÊME PLAN.

1º Le gibier fuit devant vous sur un même plan, tirez dès que votre visée, dirigée de bas en haut, tend légèrement à le couvrir;

2º S'il fuit à droite ou à gauche, en demi-travers, tirez aussitôt que votre visée très légèrement dirigée plus à droite ou à gauche, suivant le cas, vous paraît à peine s'élever;

3º S'il fuit transversalement, en plein travers, maintenez la visée à la hauteur du gibier avec une avance relative à la distance qui vous en sépare et tirez;

4º Il fuit en ligne brisée, par crochets (plus particulièrement le lapin), n'hésitez pas, pour le tirer, à profiter de l'instant où il vous paraît prendre la direction la plus rapprochée de l'une de celles indiquées ci-dessus. C'est le tir qui exige le plus de souplesse, de rapidité dans les mouvements, le plus de précision et de promptitude du premier coup d'œil. Si c'est une bécassine, ne la tirez qu'au moment où elle va atteindre, si je puis m'exprimer ainsi, le sommet de chaque angle formé par ses crochets, avec une visée très légèrement maintenue au-dessus de sa hauteur.

SUR UN PLAN PLUS ÉLEVÉ.

1° Le gibier fuit directement sur un plan plus élevé, maintenez la visée rehaussée en raison de la distance et de l'élévation du plan et tirez;

2° S'il fuit en demi-travers, dirigez, suivant le cas, votre visée légèrement à droite ou à gauche, à hauteur de la tête, et tirez;

3° Transversalement, comme au n° 3 d'autre part, avec visée plus rehaussée et plus en avance;

4° En ligne brisée, par crochets, comme il a été dit sur un même plan au n° 4, mais avec visée plus élevée et en avance.

SUR UN PLAN PLUS BAS.

1° Le gibier fuit devant vous, sur un plan plus bas, dirigez la visée plus ou moins en dessous, suivant le degré de pente du plan;

2° S'il prend une direction oblique, maintenez la visée un peu en dessous du gibier, avec une légère avance;

3° Il fuit transversalement, dirigez la visée moins en dessous du gibier, mais avec plus d'avance que dans le cas précédent;

4° En ligne brisée, comme il a été dit au n° 4 du même plan, mais avec visée plus ou moins basse, selon la pente.

Manière de tirer tout gibier qui vient sur vous sur un même plan, d'un plan plus élevé ou plus bas.

SUR UN MÊME PLAN.

1° Le gibier vient d'un même plan, directement sur vous, la visée restant invariablement horizontale, tirez-le juste à sa hauteur. Le lièvre, lorsqu'il a pris cette direction, se trouvant toujours, par rapport à la visée, sur un plan plus bas, dirigez et maintenez la visée en dessous des pattes du devant ;

2° Il vient sur vous, prenant sur la gauche ou sur la droite une direction oblique, dirigez, suivant le cas, la visée un peu en-dessous, avec une légère avance, et tirez ;

3° Le gibier vient sur vous en ligne brisée. (Se reporter au n° 4 sur un même plan.)

D'UN PLAN PLUS ÉLEVÉ.

1° Partant d'un plan plus élevé, le gibier vient directement sur vous, dirigez la visée plus ou moins en dessous, en raison de la pente du plan, de la ligne de direction plongeante du gibier, et tirez. (Ce cas n'est point particulier au lièvre, dont la disproportion des pattes de derrière avec celles de devant lui rend impossible l'impétuosité naturelle de sa course, surtout quand la pente est sensiblement rapide. Ce cas est même très rare pour le lapin.)

2° Le gibier vient sur vous en prenant une ligne de direction oblique, maintenez la visée basse et en avance et tirez ;

3° Sa ligne de direction devient transversale, maintenez la visée plus basse et plus en avance que dans le cas précédent.

D'UN PLAN PLUS BAS.

1° Partant d'un plan plus bas, le gibier vient directement sur vous, tenez la visée plus sensiblement abaissée pour le lièvre et le lapin que pour le gibier à plume ;

2° Il prend une direction oblique, maintenez la visée basse, en avance, et tirez ;

3° Sa ligne de direction devient transversale, tenez la visée à sa hauteur, plus en avance que dans le cas précédent.

Tels sont, mes jeunes amis, les différents cas de tir qui se produisent en chasse ; les uns d'une exécution facile, les autres présentant toujours des difficultés, alors même qu'aucun obstacle ne nuirait à la visée.

La chasse étant pour ainsi dire entrée dans nos mœurs, pour tous ceux d'entre vous (et c'est assurément le plus grand nombre) qui se sont déjà exercés au tir à but fixe ou mobile, le tir de tout gibier qui fuit directement ou en demi-travers, sur un même plan, leur deviendra promptement facile. Il leur suffira de maîtriser l'émotion causée par le départ du gibier, d'apporter plutôt du calme que de la précipitation dans l'épaulement et surtout de bien prendre la visée sur toute l'étendue de la bande des canons, sans se préoccuper de la distance.

De toute chose que l'on désire se rendre familière par la pratique, il est d'un usage rationnel de n'aborder les difficultés d'exécution qu'elle présente qu'après avoir acquis une connaissance exacte des parties les plus simples et plus faciles qui entrent dans sa composition.

Le tir de la caille, par son vol peu rapide et régulier sur un même plan, surtout quand on lui fait prendre le vent, me paraît le plus favorable pour vous préparer à tout autre tir dont il semble être pour ainsi dire une transition.

Pour ce motif, tout jeune homme qui débute ne saurait mieux faire que de s'attacher, pendant tout le mois de septembre, à la recherche et au tir de ce gibier.

Le tir de l'alouette au cul levé ou au miroir est aussi un excellent moyen pour se rendre promptement familier le tir au vol.

Choix d'un chien.

A tout jeune chasseur qui désirerait connaître mon avis sur le choix d'un chien, je répondrais catégoriquement : Mon ami, si à jeune femme il faut jeune mari, à jeune chasseur il faut vieux chien.

Pour mieux juger des choses il faut les comparer, pour établir plus sûrement entre elles la différence des qualités et des défauts. Si donc vous avez le choix entre deux vieux chiens, dont l'un a une quête brillante, précipitée, l'autre une quête régulièrement mesurée, tous deux réunissant à peu près les mêmes qualités de rappel et de rapport, donnez la préférence à ce dernier qui sera plus résistant aux fortes chaleurs, aux fatigues de longues chasses, plus tenace et plus collé sur la piste.

Il en est, mes amis, des chiens comme des chasseurs, (pardonnez-moi la comparaison); de ces derniers, ce ne sont pas ceux qui, arpentant le terrain au plus vite, font la meilleure besogne, c'est-à-dire qui ont une réussite à peu près régulière.

Le chien dont je viens de vous engager à faire le choix, s'il a grosse tête, poitrine développée, grands yeux écartés, le nez très fort, les lèvres supérieures pendantes, les pattes épaisses, c'est un braque : le vieux braque français, ou un chien qui en descend par ses aïeuls. Réjouissez-vous et hâtez-vous de profiter de l'occasion qui vous permet de vous procurer une bonne et excellente bête, d'une bonne et excellente race.

Quel qu'en soit le prix, tout compté et bien compté, ce chien vous reviendra encore moins cher que celui que vous élèveriez, sans certitude de le sauver de la maladie, ni sans pouvoir affirmer, avant deux ans, s'il sera sûrement bon.

Par votre acquisition, non-seulement vous vous serez épargné, d'un côté, les soins et les ennuis de l'élevage; de l'autre, le temps perdu et les peines de l'éducation, mais de plus, vous en retirerez cet autre avantage de pouvoir plus tard en obtenir un extrait dont l'éducation se fera presque d'elle-même.

Il est assez rare, qu'après deux ou trois jours de chasse, les arrêts à peine formés d'un vieux chien ne soient pas tout aussitôt suivis d'arrêts de confiance du jeune chien qui le suit ;

Chasse de la caille.

La recherche de ce gibier nous conduit ordinairement dans une vaste plaine.

Si nous jetons un coup d'œil autour de nous pour reconnaître l'état et la configuration particulière du sol, nous remarquons d'abord des terres grasses, généralement plus uniformes que variables en étendue, couvertes d'un produit quelconque, et d'autres légères, sablonneuses, crayeuses ou pierreuses, dont le plus grand nombre est en friche, en guéret ou en chaume. Les unes et les autres sont entrecoupées de distance en distance par des fossés ou closes par des haies ou bien traversées par un cours d'eau, et toutes plus ou moins éloignées des grands couverts, des bois, des vignes et autres massifs.

Après cette première constatation, rendons-nous aussitôt à proximité de la partie du territoire qui nous paraît être la plus couverte et relativement élevée.

Le temps est beau, sans vent, et a été précédé d'un ou de plusieurs jours de pluie.

La découverte du gibier nous devient alors d'autant plus facile que le tableau annexe nous en a fait connaître la remise par ce même temps.

A la case réservée au pays de plaine de la 5ᵉ colonne, nous lisons :

Tous les endroits secs et élevés des terres, etc., avoisinant les champs couverts de trèfle, etc. Je dis, mes jeunes amis, que le gibier doit se trouver, en ces endroits,

dans de meilleures conditions de bien-être, là plutôt
que partout ailleurs. En effet, le terrain étant moins gras
et moins mouillé, le gibier s'y trouvera plus commodé-
ment remis; il n'y sera pas gêné par l'adhérence de la
terre aux pattes, principalement aux longs poils des pattes
du lièvre; le terrain n'étant point couvert, il y recevra
plus directement les premiers rayons de soleil pour se
sécher; il y sera encore moins exposé à s'y mouiller de
nouveau par la rosée car, remarquez bien que, dans le
cas particulier, les feuilles des plantes des lieux couverts
sont toujours dégouttantes de pluie et de rosée pendant
les premières heures de la matinée.

Si donc nous avons les plus grandes probabilités de le
trouver remis sur les endroits similaires à ceux ci-dessus
désignés, il ne s'agit plus maintenant, pour en découvrir la retraite, que de le quêter avec ordre et persistance. Tenir un champ, mes jeunes amis, c'est le battre
en tous sens, en se portant tantôt à gauche, tantôt à
droite pour mieux fouiller partout, en se rendant compte
en même temps de toute chose qui vous y paraît anor-
male. De même que votre chien est sans cesse attiré
d'un point sur un autre par son puissant odorat, de même
aussi vous devez quitter alternativement un endroit pour
vous rendre sur un autre que vous pensez être mieux
disposé, plus particulièrement convenir pour la remise
du gibier que vous quêtez.

C'est ainsi, mes jeunes amis, que nous procéderons
ultérieurement dans toutes nos recherches cynégétiques,
aussi bien pour l'un que pour l'autre gibier, dont nous
reconnaîtrons aisément la présence rapprochée ou le

passage récent par les allures prises par notre fidèle
compagnon de chasse, Mignon.

Poursuivant l'examen de l'état du territoire sur lequel
nous chassons, nous remarquons bientôt un, deux, trois,
quatre..... champs en chaume, dont quelques-uns sont
ensemencés de trèfle, de luzerne et un plus grand nombre
avec herbes et plantes graminées, alternativement adja-
centes à des champs de pommes de terre, de haricots,
à de rares friches ou à quelques guérets. L'ensemble de
toutes ces terres est enclavé dans des couverts de maïs,
de chanvre, de betteraves, de sarrasin, etc. Voilà bien
exactement, mes jeunes amis, les lieux où vous trouverez
le plus ordinairement et le plus régulièrement de la caille.

Par ici, Mignon! doucement.

Nous tenons successivement et avec ordre deux ou
trois champs déjà remarqués et, malgré tous les soins
donnés à nos recherches, pas de gibier ni indice de gibier.
Il ne faut pas cependant inférer de suite de ce fait que
les lieux que nous venons de quitter sont sans gibier et
qu'il doive en être de même de tous les champs similaires
que nous avons encore à tenir. En chasse, mes amis,
tout s'explique, aussi bien la présence que l'absence du
gibier sur tel ou tel endroit. Dans le présent cas, son
éloignement momentané des lieux sur lesquels nous venons
de chasser ne peut être attribué qu'au trop mouillé des
feuilles du jeune trèfle; de plus, si nous tenons compte
que, dès le matin, par une abondante rosée, les chiens
n'ont que très peu de nez, il vous paraîtra moins éton-
nant d'avoir été trompés dans votre première attente.

J'ajouterai même que si, après l'évaporation de la rosée et surtout dans la soirée, nous revenions tenir les mêmes chaumes, je ne serais nullement surpris d'y lever une compagnie de perdreaux ou tout au moins quelques cailles.

Bien chercher, c'est trouver. Continuons à chasser, mes amis, sur les champs en chaume avec plantes et herbes graminées, et poursuivons nos recherches sans découragement, avec cette confiance qui rend le chasseur insensible à la fatigue pendant que le temps fuit sous ses pas.

Ici, Mignon! va sagement.

Pendant que Mignon va, vient, flaire partout sur nos côtés, j'examine si autour ou au pied de chaque touffe de graminées il n'y a ni repaires, ni plumes ou simplement graines ou fleurs nouvellement tombées. Je m'aperçois presque aussitôt que Mignon, prenant l'avance à pas comptés, devient ferme en arrêt et tourne tout aussitôt la tête de mon côté. J'élève la main et la baisse vivement, Mignon fait terre, l'arrêt est sûr. Rendons-nous maintenant à son appel sans précipitation et sans jamais le dépasser; cherchons, suivant la direction qu'il nous indique, à découvrir la pièce de gibier qu'il tient en arrêt. A notre approche, de deux cailles qui partent ensemble, l'une nous échappe et sa remise éloignée nous paraît incertaine. Pour le moment, mes amis, nous ne changerons rien à notre itinéraire de chasse : sur le tantôt avec cette même caille nous ferons sûrement nouvelle connaissance; il nous suffira de nous rappeler exactement le lieu où elle a été levée.

Passons sur un autre découvert dont le sol est de même nature, c'est-à-dire sablonneux, graveleux ou calcaire. Là, nouvel arrêt de Mignon, même résultat, même observation. A la colonne 7, A' des observations pratiques du tableau, il est dit : deux couples de cailles levées sur des lieux rapprochés, etc.

Ce cas particulier venant à se produire, j'estime que nous ne saurions mieux faire que de limiter maintenant notre chasse uniquement à celle de la caille.

Pour nous en assurer la découverte d'un plus grand nombre, il nous suffira de circonscrire d'abord nos recherches à un cercle d'une surface peu étendue ayant pour centre l'endroit même où nous avons levé les deux premiers couples, et ensuite d'en agrandir graduellement le rayon en ne quêtant que sur des terrains similaires à ceux désignés au tableau comme bons à chasser, puis de revenir sur les endroits que nous avions tenus en premier lieu, et là où une caille nous avait échappé le matin, nous la retrouverons sûrement le soir.

Cette manière de chasser présente certains avantages qu'il est bon de vous faire remarquer.

On dit, avec juste raison : qui trop embrasse mal étreint et, en matière de chasse, que de courir après deux lièvres à la fois, c'est s'exposer à n'en attraper aucun. Chaque adage est une vérité. Oui, mes amis, lorsque vous quittez précipitamment un lieu où vous avez reconnu simplement des indices de gibier pour vous rendre sur un autre sans avoir de données certaines d'en trouver, vous courez le risque de rentrer bredouille. Donc, quand vous avez été assez heureux de tomber sur un endroit où il se produit un passage de cailles, vous auriez grandement tort de ne pas en poursuivre la recherche pendant toute la durée du passage. Les causes qui ont attiré celles-ci retiendront en ce même endroit celles qui y passeront ensuite. Et notez bien, mes jeunes amis, qu'en limitant ainsi votre chasse, ce sera sans préjudice de tout autre gibier, tous les lieux qui vous ont été désignés sur le tableau étant distinctement bons à chasser pour l'un ou pour l'autre gibier et, de ce que l'espace sur lequel vous chassez est peu étendu, par conséquent mieux tenu, il vous adviendra sûrement d'agréables surprises.

C'est, dès le matin jusqu'à dix heures et ensuite à partir de trois heures du soir jusqu'au coucher du soleil, les meilleurs moments pour chasser la caille.

De dix heures du matin à trois heures du soir, elle se blottit sous le couvert et, s'il n'y a pas vent pendant tout ce laps de temps, elle devient difficile à trouver, même par un bon chien, par suite du peu de fumet qu'elle répand.

Le tir de la caille est des plus faciles, il suffit de la laisser filer et de la couvrir légèrement par la visée.

Chasse de la perdrix.

En terminant notre première chasse, je vous ai dit, mes jeunes amis, qu'en circonscrivant, dans certains cas, pendant la première quinzaine de septembre, vos recherches de la caille à un cercle d'une surface peu étendue, cette manière de quêter ce gibier vous ménagerait parfois d'agréables surprises.

Quoique les changements climatériques n'aient pas la même influence sur la perdrix et la caille, il n'en existe pas moins entre ces deux gibiers analogie de conformation, de reproduction, de manière de vivre.

En plaine, il est assez rare que, sur un territoire où la caille se reproduit annuellement bien, la perdrix ne s'y reproduise pas aussi. C'est pour cette cause que vos recherches, limitées d'abord à l'un de ces deux gibiers, vous amènent souvent à la découverte de l'autre.

MÊME TEMPS, MÊME TENUE DU GIBIER.

Le temps, pour notre seconde chasse, étant le même que pour la précédente, nous ne changerons absolument rien à notre orientation, ni à notre ordre de chasse. Nous nous bornerons à reprendre nos recherches, là où nous les avions cessées le premier jour, pour les continuer en agrandissant graduellement le rayon du nouveau cercle sur lequel nous allons chasser.

Nous tenons d'abord plusieurs champs en chaume avec plantes graminées, sur lesquels notre attention n'a été attirée par aucune remarque particulière. Néanmoins, sur une défriche adjacente à l'un d'eux, nous avons déjà reconnu, réunis en différents tas, des repaires de perdrix dont le vol ne saurait être assurément éloigné.

Toute trace de rosée ayant disparu, nous nous portons alternativement sur d'autres chaumes avec semis de trèfle et de luzerne ou sur les couverts peu épais qui les avoisinent, d'un terrain plus sec que la veille.

A un moment donné, Mignon rehausse la tête, prend

lentement la direction d'un champ de pommes de terre, près duquel il s'assied plutôt qu'il n'arrête, et là paraît hésitant. Il quitte cette position pour revenir en arrière en décrivant un demi-cercle, puis se portant plus à gauche, il s'assied de nouveau. Ce sont des perdreaux, mes amis, l'instant psychologique est arrivé pour nous. A peine sommes-nous placés, les uns où Mignon a témoigné en premier lieu, les autres sur ses côtés, que le vol part en en bloc, et. . . . .

. . . .

Rien n'est plus ridicule que de vouloir atténuer une maladresse par de sottes raisons, par des causes controuvées. Nous manquons, expliquons franchement pourquoi :

Parce que, comptant sur la sûreté du premier coup d'œil, la visée n'a pas été prise sur toute l'étendue de la bande des canons et que la précipitation du premier coup de fusil a entraîné une précipitation non moins grande pour le second. Mes amis, qui trop embrasse mal étreint. A l'avenir, en pareil cas, dirigez avec calme la visée sur l'une des premières perdrix du vol, absolument comme si elle était seule, et un effet tout différent, dont vous serez étonnés, se produira : au lieu d'une seule perdrix que vous espériez tuer, vous en tuerez assez souvent plusieurs.

Il est toujours permis d'espérer qu'un coup exceptionnellement raté peut se réparer par la prudence et le sang-froid, les circonstances restant à peu près les mêmes. Rendons-nous donc de suite à la remise.

Nous reconnaissons qu'elle a eu lieu sur un couvert

grand, épais, enclavé dans d'autres couverts moins élevés
contigus à des fossés profonds avec plantes traînantes,
ligneuses, épineuses, l'endroit est relativement bas, frais,
abrité. Attention! attention! De même que la recherche
de la caille vous conduit à la découverte de la perdrix, de
même aussi la quête minutieuse d'un perdreau devient
parfois la cause du départ d'un levraut. Oui, mes amis, il
en arrive ainsi à la chasse, c'est qu'on passe assez souvent d'une surprise à une autre surprise.

Mignon a pris la piste, il se traîne, se relève, revient
en arrière, se porte tantôt à droite, tantôt à gauche, et
fait enfin terre. Deux groupes de perdreaux nous partent presque en même temps ; le premier, au nombre
de quatre, paraît retourner sur le lieu de départ; le
deuxième, de trois, fuit dans une direction opposée.

Empressons-nous, mes amis, avant d'étendre plus au
loin nos recherches, de quêter d'abord autour de l'endroit
où chaque groupe s'est levé et où ordinairement un ou
quelques perdreaux restent blottis. Cette précaution
nous conduit presque aussitôt à en lever un autre resté
en retard.

Le haut couvert sur lequel le vol est venu s'abattre a
été probablement la cause de sa séparation en deux
bandes. Et d'abord récapitulons pour mieux nous rendre
exactement compte du nombre que nous avons encore à
quêter : déjà levés, 4, 3, 1 ou huit. Au départ, le nombre
reconnu était de 15, soit encore 7 dont la remise ne peut
être que rapprochée.

Nous quêtons plus en avant en fouillant partout. Aucune indication ne nous venant plus en aide pour nous

diriger de préférence plutôt sur un point que sur un autre, revenons sur nos pas en longeant le grand couvert sur lequel le vol nous avait paru se remettre. Mignon, qui nous devance à peine, tombe ferme en arrêt. Cinq perdreaux, la mère en tête, partent et prennent la direction de la première remise, le sixième ne peut être éloigné.

C'est vainement que nous le quêtons, d'abord autour de l'endroit où le groupe s'est levé. Plus rien à tenir, si ce n'est un profond et large fossé que nous allons, comme dernière recherche et acquit de conscience, battre d'une extrémité à l'autre étant, vous d'un côté, votre guide de l'autre, et sans jamais chercher à nous devancer, frappons fortement sur chaque touffe épineuse ou ligneuse au fur et mesure qu'elle se trouvera sur notre passage. Cette dernière tentative réussit enfin, le perdreau épouvanté part, éperdu.

La manière de continuer notre chasse nous devient alors toute tracée par la direction de la première remise prise par les deux groupes levés sur des lieux différents. De ce fait je conclus que, de même que pour la caille, là où vous avez levé un vol de perdreaux le matin, vous pouvez espérer le retrouver le soir, en tout ou en partie.

Chasse du lièvre

Le temps, pour notre troisième chasse, est variable avec vent.

Une nouvelle orientation nous devient nécessaire.

Reportons-nous au tableau, de la colonne 1, temps variable B, à la colonne 5, case d", on y lit : les endroits bas, abrités, etc., avoisinant les couverts élevés, tels que maïs, etc., les bois et les autres massifs.

Je dis, mes jeunes amis, que les fossés non relevés, avec herbes et plantes traînantes, toutes les excavations des champs ayant récolte peu élevée, les guérets avec grosses mottes ou à sillons, les creux des défriches avec herbes et plantes mal enfouies, situés sur des lieux relativement bas, non exposés au vent, quel qu'il soit, sont, par suite du changement atmosphérique qui s'est produit, les meilleurs endroits pour la remise du lièvre.

Là, en effet, ce gibier trouvera une plus grande quiétude que partout ailleurs. Il n'y sera pas, comme sous les couverts élevés, sans cesse inquiété par les feuilles agitées des hautes plantes ou entraînées par le vent, ni comme dans les bois et autres massifs, troublé dans son repos par le bruit des branches qui s'entrechoquent, par la tombée des feuilles, du bois mort, des fruits, etc.

La connaissance des lieux où se remet le lièvre par un temps variable avec vent nous étant acquise, il devient d'autant plus indispensable de le quêter minutieusement que, chassant sous vent, le lièvre ne part que de très près, et que si l'espace qui nous entoure est vaste, la place qu'il y occupe est relativement bien petite.

Bien se rappeler et bien observer, c'est s'éviter le plus souvent de longues et infructueuses recherches.

La direction à prendre et le lieu à tenir pour chaque nouvelle chasse nous étant donnés par le tableau, il devient également nécessaire de bien nous remémorer tous les incidents qui se sont produits dans nos deux précédentes chasses, ainsi que toutes les remarques particulières que nous avons pu faire sur la nature du sol, son exposition et ses moindres accidents.

Notre première chasse, commencée par la recherche de la caille, s'est terminée sans amener la découverte ni la constatation d'indices d'aucun autre gibier.

Pendant notre deuxième chasse, une particularité qu'il importe de se rappeler s'est produite près du lieu de la première remise du vol de perdreaux. Nous avons d'abord reconnu sur un espace d'un terrain découvert frais et friable des traces apparentes du passage récent d'un lièvre, puis nous avons constaté que le couvert sur lequel nous allions chasser était bas, abrité, adjacent à des fossés larges et profonds. Trouvant là précisément des endroits similaires à ceux désignés au tableau, nous ne saurions assurément mieux faire, mes jeunes amis, que de recommencer notre troisième chasse là où nous avions fini la seconde, de même que nous avions commencé notre seconde chasse là où nous avions fini la première.

C'est ainsi, mes jeunes amis, qu'en agrandissant graduellement, d'un côté, le rayon du cercle sur lequel nous chassons et qu'en mettant à profit, de l'autre, nos découvertes et remarques antérieures, nous arriverons bientôt à nous rendre approximativement compte du gibier qu'il peut bien y avoir sur certains points d'un même territoire, l'y quêter et l'y trouver parfois presque sans tâtonnement.

Rendons-nous aussitôt sur le lieu même où nous avons

reconnu le passage d'un lièvre. Attention ! une nouvelle trace de passage y est apparente. Par la direction qu'il paraît prendre, préjugeons du lieu où il a pu se remettre en raison du temps, de l'état des lieux, de la nature du terrain et de son exposition. Là, des couverts de récoltes différentes non abrités, passons ; d'autres plus loin, également exposés au vent, passons encore ; plus bas, bien abrités, d'abord un champ de trèfle avec repousse nouvelle peu élevée, ensuite des guérets anciens, puis une défriche avec certains endroits non retournés, entourés par des herbes sèches et par-ci, par-là, quelques pieds de luzerne mal enfouis, enfin des fossés à direction transversale au vent.

Sans revenir sur une démonstration qui vous a déjà été donnée, je vous dis de suite et sans hésitation que s'il n'y a pas eu dérangement, le lièvre doit, en toute probabilité, se trouver remis sur l'un ou sur l'autre des derniers endroits qui ont attiré plus particulièrement notre attention plutôt que sur tout autre.

Procédons dans nos recherches par ordre de rapprochement des lieux et tenons d'abord le champ de trèfle où le lièvre a dû passer une partie de la nuit ou tout au moins faire le matin provision de nourriture.

Mignon ! par ici.

Les allures de Mignon changent presque aussitôt. Sa quête, de mesurée et prudente, devient de plus en plus incertaine. Il paraît inquiet, quitte un endroit pour y revenir aussitôt, flaire les feuilles, ne forme aucun arrêt ferme, va, cherche, sans direction suivie ni précise. C'est un lièvre, mes amis, qui est sur pied. Tout dérangement nouveau n'aboutirait qu'à le faire remettre sur un lieu plus éloigné. Passons et prenons bonne note que dans une heure ou deux il nous serait plus facile de le surprendre que maintenant.

Ce qui est différé n'est pas toujours perdu, surtout en chasse, quand l'impatience de nos désirs maîtrisée devient une cause plus certaine de réussite. Oui, mes amis, passons, nous reviendrons nous livrer un autre jour à la recherche de ce lièvre lorsque des circonstances plus favorables que celles d'aujourd'hui se présenteront.

Nous remarquons plus loin un, deux, trois guérets avec, dans toute leur longueur, quelques raies plus profondes et de grosses mottes; l'exposition est bonne. Par leur rapprochement d'un bois qui les abrite, ces trois pièces de terre se trouvent aujourd'hui dans d'excellentes conditions pour la remise d'un lièvre.

Autant il convient, mes jeunes amis, de battre avec bruit un lieu couvert épais, fourré, autant il importe de quêter lentement par détours, allées et venues, sur de longs et larges champs labourés et d'avoir en même temps un œil sur le terrain, l'autre sur le chien pour juger de ses allures.

Il est d'autant plus nécessaire de quêter ainsi, c'est que le lièvre ne voit dans ce cas que le chien dont il se tient en garde, suit et observe tous les mouvements, sans méfiance du chasseur qu'il laisse passer, repasser souvent de très près.

Une première tentative ne justifie point notre prévision. Mignon repart en arrière pour y renouveler de précédentes démonstrations. Nous revenons sur nos pas en ligne directe, non plus sous vent, le lièvre détale enfin mais de trop loin.

La chasse au chien d'arrêt est toute différente de la chasse au chien courant.

Mignon ! au talon.

Partie remise n'est point partie perdue. Gardons-nous bien d'aller voir le gîte et d'en laisser approcher Mignon, mais avant de nous en éloigner, faisons certaines remarques qui nous permettront, dans une autre chasse, de reconnaître à peu près la place où le lièvre s'était remis et où il viendra se remettre ou sur une autre très rapprochée.

Il ne faut pas, mes amis, vous montrer trop incrédules au récit des divers incidents qui viennent successivement de se produire dans notre troisième chasse. Vous aurez vous-mêmes, dans la pratique, l'occasion d'en constater bien d'autres.

Continuons nos recherches sans découragement, en conservant cet espoir qu'un tout petit instant suffit parfois au chasseur pour lui faire oublier fatigue et maintes déceptions.

De tous les lieux qui nous ont été spécialement désignés au tableau comme bons à chasser par un temps variable avec vent, il ne nous reste plus maintenant qu'à tenir les fossés, à l'exclusion de tous les autres terrains couverts par des plantes et massifs élevés. C'est sans relâche et avec ardeur que, frappant de-ci, frappant de-là, nous nous livrons à cette besogne, un lièvre en sort enfin en bonds précipités. Au même instant que sa direction devient plus directe une détonation se produit, le lièvre roule, cul sur tète.

Des particularités qui se sont produites pendant notre chasse, tirons, mes amis, cette induction assez souvent justifiée par les faits que sur les lieux rapprochés de l'endroit où on a levé ou tué un lièvre, il y a toujours lieu d'espérer d'en trouver un autre. C'est sans doute de là qu'est venu ce dicton qu'un lièvre tué sur un lieu y était aussitôt remplacé par un autre.

Laissons un instant à Mignon le doux contentement de lécher le lièvre tué et avant de nous diriger sur le côté du fossé opposé au vent, afin de lui procurer un autre plaisir, celui de humer le fumet qui s'exhale encore du gîte où il a fait son dernier songe, terminons cette longue et dernière chasse en répétant cet enseignement de notre jeunesse que : patience et longueur de temps font plus que force et que rage.

Encore quelques mots, mes amis, avant de me résumer définitivement.

Chasser sans orientation, sans données, c'est chasser en aveugle, à la bonne aventure, sans plaisir comme sans succès; c'est considérer la chasse comme un exercice purement mécanique. C'est se tromper que de croire que le gibier que l'on doit lever ou tuer est en raison des grandes distances parcourues.

La découverte du gibier dépend avant tout de la manière méthodique, intelligente et rationnelle de le quêter, de la bonne éducation du chien et de la direction qui lui est donnée par le chasseur.

C'est en m'inspirant de ces idées et en vue de vous rendre la chasse aussi agréable qu'intéressante que j'ai conçu mon tableau cynégétique ainsi que les trois chasses qui en sont un complément nécessaire. Il m'a paru logique qu'après vous avoir indiqué les lieux bons à chasser suivant le pays et le temps qu'il fait, il n'était pas moins utile et important de vous démontrer, pour ainsi dire par des exemples, la manière particulière d'y quêter chaque gibier, les moyens les plus sûrs d'en découvrir la remise et les différents cas où il importe d'en continuer ou d'en ajourner la recherche.

Je me résume :

La meilleure démonstration. c'est l'expérience qui ne s'acquiert que par une longue suite d'observations. Ma méthode de chasse en est un résumé pratique que je transmets à la jeunesse.

J'ai voulu, tout en faisant ressortir l'utilité de mon tableau, vous démontrer les avantages que vous pouviez retirer de plusieurs chasses successives sur un même territoire par la connaissance plus exactement acquise des lieux habituels des remises du gibier qu'on y a précédemment levé, et vous faire éviter ainsi les déceptions qui succèdent le plus souvent à de nouvelles déceptions par de trop fréquents changements de contrées de chasse.

Le long et invariable usage que j'ai fait de cette manière de chasser ne me permet nullement de douter qu'après en avoir constaté vous-mêmes la justesse et les avantages, vous n'y demeuriez fermement attachés. C'est avec cette conviction, mes jeunes amis, que je vais, en

terminant, vous serrer cordialement la main en ma qua-
lité de guide et de confrère en Saint-Hubert, et vous
souhaiter à tous, non pas bonne chance, au pouvoir
capricieux de laquelle je ne crois pas, mais persistance
et courage, bon pied et bon œil, les meilleurs présages
de vos futurs et indubitables succès.

TABLE DES MATIÈRES

DIJON, IMP. JACQUOT ET FLORET.

TABLEAU CYNÉGÉTIQUE DES JEUNES CHASSEURS

Orientation et indication des lieux où le gibier, suivant toutes les probabilités, se trouve remis par suite de changements atmosphériques survenus dans chaque pays tempéré

CONFIGURATION du sol	ÉTAT DU SOL, COUVERT OU NON COUVERT, CONSIDÉRÉ SOUS LE RAPPORT DE SES PRODUITS		EXPOSITION, NATURE DU TERRAIN des endroits secs ou frais, couverts ou non couverts, bas ou élevés, abrités ou non abrités, principalement bons à chasser suivant le temps qu'il fait	CAUSES pour lesquelles le gibier a dû s'y remettre	OBSERVATIONS PRATIQUES ET CAS PARTICULIERS
	Désignation des lieux couverts	Désignation des lieux non couverts			
de Plaine	*a*	a'	a''		A'
Accidenté	*b*	b'	b''		
Montagneux	*c*	c'	c''		
de Plaine	*d*	d'	d''		B'
Accidenté	*e*	e'	e''		
Montagneux	*f*	f'	f''		
de Plaine	*g*	g'	g''		C'
Accidenté	*h*	h'	h''		
Montagneux	*i*	i'	i''		
de Plaine	*j*	j'	j''		D'
Montagneux	*k*	k'	k''		
Accidenté	*l*	l'	l''